ÉLOGE

DE LAHARPE,

Membre de l'Académie française, de toutes les Académies de l'Europe, et Professeur de littérature au Lycée de Paris;

PRONONCÉ A L'OUVERTURE DES SÉANCES,

Par R. CHAZET.

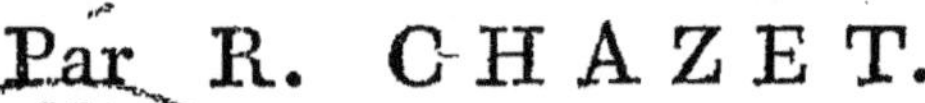

Je brûle mon encens sur l'autel du mérite.

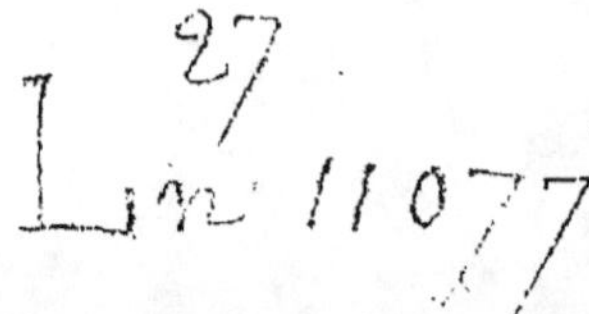

A PARIS,

Chez Léopold COLLIN, Libraire, rue Gît-le-Cœur, n°. 18.

AN XIII. — 1805.

ÉLOGE

DE LAHARPE.

MESSIEURS,

Je dois l'avouer, un trouble involontaire s'empare de moi en ce moment, et une réflexion cruelle me fait craindre que l'on ne trouve téméraire ce qui d'abord m'avait semblé honorable. Si j'avais songé, avant de traiter un pareil sujet, aux difficultés de l'entreprise, je l'aurais abandonné ; non que je sois embarrassé pour louer l'homme célèbre dont je veux honorer la mémoire, je n'éprouve en ce genre d'autre embarras que celui du choix ; mais l'abondance même des idées, le mérite du sujet, le lieu de la réunion, sont autant d'obstacles à mon succès ; c'est l'éloge de Laharpe que vous allez entendre, et Laharpe excellait dans les éloges ; je vais parler de lui à cette tribune, et c'est à cette tribune qu'il s'est occupé pendant vingt ans de votre instruction et de vos plaisirs. Je suis forcé d'analyser ses ouvrages, et vous connaissez tous son talent pour l'analyse; ainsi chacun de ses avantages rappelle un de mes défauts ; son mérite vous ramène à mon insuffisance, et la perfection du modèle ne sert qu'à faire ressortir l'inexpérience du peintre. Sans doute cette considération puissante m'aurait détourné du projet que j'avais conçu, si une autre plus puissante encore ne m'y avait affermi. J'ai vu Laharpe mourir victime des préventions et de la calomnie. J'ai cru que la justice de l'histoire le dédommagerait de l'injustice des hommes : vaine espérance! Le possesseur de ses richesses littéraires n'a fait qu'esquisser son éloge (1). Un lycée l'a proposé par souscription, et, à la honte du siècle, il n'y a pas eu de souscripteurs. Voilà ce que j'ai vu, et voilà ce qui m'a décidé à lui rendre un hommage public. Je n'ai pas consulté mes forces, j'ai consulté son mérite; j'ai voulu essayer de faire sentir aux amis du goût et de la saine littérature toute l'étendue de la perte qu'ils ont faite. J'ai une crainte, c'est de rester trop au-dessous de mon sujet; mais aussi j'ai un espoir, c'est que dans un siècle où la flatterie fait des progrès si rapides, on voudra bien du moins pardonner à la louange.

J'ai divisé cet Éloge en deux parties : la première embrasse les cinquante premières années de sa vie, depuis 1739 jusqu'en 1789, époque de la révolution ; et la seconde, depuis 1789 jusqu'en 1802, époque de sa mort. Cette division m'a été indiquée par la différence de sa vie littéraire et politique, et par la nécessité de les séparer.

PREMIÈRE PARTIE.

Jean-François de Laharpe naquit à Paris, le 20 novembre 1739 , de Jean-François de Laharpe , capitaine d'artillerie, issu d'une famille suisse. On lui a contesté son origine , mais elle n'en est pas moins constatée par des faits positifs et qui démentent la calomnie. Il est seulement bon d'observer qu'elle l'a attaqué dès son berceau , et nous aurons plus d'une fois occasion de remarquer , dans le cours de cet éloge , qu'elle n'a pas cessé d'avoir les yeux ouverts sur lui , et de distiller sur sa vie tous ses poisons.

Laharpe fut mis de fort bonne heure au collége d'Harcourt , se distingua dans toutes ses classes , et remporta tous les premiers prix de l'Université. A la fin de sa rhétorique, il fut victime d'un bruit injurieux : il avait écrit quelques plaisanteries sur des particuliers obscurs du collége ; ses camarades ajoutèrent des couplets , et on l'accusa ensuite d'en être le seul auteur, et d'avoir voulu insulter ses maîtres.

Certes , si Laharpe eût été capable d'un trait pareil , il aurait donné une bien mauvaise idée de son cœur. L'ingratitude, cette vertu révolutionnaire, est le plus inexcusable des vices ; ses ennemis le sentaient, et leur mensonge n'en était

que plus odieux. Laharpe était bien loin de mériter un pareil reproche. Je ne citerai aucun fait
pour le disculper ; je trouve sa justification com-
plette dans sa préface de Timoléon.

« On a dit et on répète par-tout que j'ai écrit
» contre le Principal du collége où j'ai été élevé :
» cela est faux, de toute fausseté ; dans les cou-
» plets que j'avais faits, et auxquels mes cama-
» rades en ajoutèrent d'autres, il n'est nullement
» question d'aucun homme envers qui j'eusse le
» moindre devoir à remplir. Le bienfaiteur de
» mon enfance, celui pour qui j'aurai une re-
» connaissance éternelle, celui qui m'a toujours
» conservé son amitié, est monsieur l'abbé Asse-
» lin, autrefois proviseur d'Harcourt, et connu
» par son goût pour la littérature. J'en appelle
» au témoignage de ce respectable vieillard, té-
» moignage qu'il me rendra sans doute avec
» plaisir. Il est donc évident que ce tort de jeu-
» nesse qu'on affecte de rappeler et d'enveni-
» mer avec un acharnement indécent, consiste à
» avoir fait quelques épigrammes puériles contre
» des particuliers obscurs à qui je ne devais rien.
» Quelques personnes s'étonneront qu'on ait osé
» avancer un mensonge aussi odieux, et qu'il était
» si facile de détruire ; elles auront tort : il faut
» s'étonner quand les hommes sont équitables, et
» non pas quand ils sont injustes » (2).

A peine sorti du collége, Laharpe se livra tout entier à l'étude des lettres. Il fit paraître, en 1762, un recueil d'héroïdes et de poësies fugitives que j'ai sous les yeux, et qui toutes respirent la grace et l'élégance ; il passa l'année suivante à composer Warwick, qui parut en 1763, et qui fit à l'auteur, à peine âgé de vingt-trois ans, une très-grande réputation : cette tragédie eut un succès prodigieux, et l'auteur fut demandé. J'appuie sur cette circonstance pour faire sentir la différence des temps ; c'était alors le premier de tous les honneurs, on ne l'accordait qu'à l'auteur d'une tragédie intéressante ou d'une bonne comédie ; aujourd'hui c'est une récompense prodiguée. On demande l'auteur au théâtre Sans-Prétention comme au Théâtre-Français, pour un mélodrame comme pour un bon ouvrage, trop heureux encore quand le spectateur ignorant ne le demande pas à une tragédie de Corneille ou à une pièce de Molière (3).

Warwick eut un succès dont la jeunesse de l'auteur doublait la gloire.

L'équitable public,
Malgré Fréron, applaudit à Warwick,

a dit le piquant auteur de la Dunciade, et on aime à voir un littérateur aussi instruit que M. Palissot, accorder ce juste tribut d'éloges à un jeune homme dont le coup d'essai était un coup de maître. Un homme de talent qui reconnaît le talent d'un autre s'honore lui-même ; ainsi la justice pourrait être un calcul, si elle n'était pas un devoir et un plaisir (4).

Warwick, applaudi d'abord au parterre, obtint le suffrage plus difficile des connaisseurs dans le silence du cabinet, et trouva grace devant ces deux tribunaux également redoutables, nous dit Fontenelle, l'un parce qu'il est tumultueux, et l'autre parce qu'il est tranquille.

Le succès de Warwick (l'ouvrage d'un jeune homme de vingt-trois ans) tiendrait du prodige, si Voltaire, par un miracle plus grand encore, n'avait pas fait OEdipe à dix-huit ans : c'est, au jugement de quelques connaisseurs, sa meilleure tragédie, comme Warwick est la meilleure tragédie de Laharpe. Ce fait peut, selon moi, passer pour un véritable phénomène. Comment un premier ouvrage, qui ne devrait être qu'un essai, est-il le plus parfait ? C'est un problême qu'il est bien difficile d'expliquer. Soit que ces heureuses prémices d'une imagination vierge aient plus de vigueur, de sève et d'énergie que les enfans de l'art et du travail, soit que la nature, magnifique dans ses premiers présens, leur donne une empreinte plus marquée de liberté, d'aisance et de génie, toujours est-il prouvé, par des exemples assez fréquens, que l'aurore de certains poètes est souvent plus brillante que le jour même, et que dans la famille des arts, les enfans du génie ont leur droit d'aînesse.

Pour le véritable homme de lettres, un succès n'est qu'un engagement pris d'en mériter d'autres. Laharpe, encouragé par l'accueil flatteur qu'avait reçu Warwick, fit paraître l'année suivante *Timoléon*, qui, malgré les beautés de détail et l'élégance du style, n'obtint qu'un succès médiocre. Ce léger échec, loin d'abattre son courage, devint un aiguillon pour son amour-propre; et il remporta, en 1765, un triomphe d'autant plus glorieux, qu'il était presque sans exemple. Voici ce fait, vraiment curieux, tel qu'il m'a été raconté par un témoin digne de foi.

L'académie de Rouen avait mis au concours pour le prix de poésie la composition d'une ode, et elle avait laissé le sujet au choix des auteurs. Dans toutes les provinces de France, les poètes travaillent, les odes se font; le terme approche, on les envoie ; le terme expire, on les juge. Les arbitres littéraires dépouillent toutes les productions des concurrens, en écartent un grand nombre, et en distinguent deux ; leur balance reste long-temps indécise ; enfin ces deux pièces leur paraissent réunir, à un tel degré, des droits à l'estime, que, pour ne pas faire d'injustice par un jugement exclusif, ils se décident à partager la couronne, ou du moins à la multiplier, en donnant deux prix : on rompt les cachets pour proclamer le nom des vainqueurs : que l'on se figure la surprise des juges, lorsqu'ils lisent sur les deux copies le nom de Laharpe : rival de lui-même, il avait embarrassé, par un double mérite, l'impartiale équité des juges, et il avait fini par remporter deux victoires après s'en être long-temps disputé une.

Les années suivantes furent pour lui marquées par de nouveaux triomphes. Il avait l'habitude de concourir pour tous les prix des académies de Paris, Toulouse et Marseille, et il était toujours vainqueur ; il ne lui est arrivé que deux fois de manquer le prix ; à la vérité il eut le premier accessit : ce sont là les deux seuls revers qu'il ait eu à essuyer.

Parmi tous ses éloges, on distingue celui de Henri iv. L'auteur a retracé, avec son talent ordinaire, les grandes actions et la belle ame du meilleur des rois. Quoi qu'il en soit, ce prince si cher à tous les Français qui n'ont pas cessé de l'être, a été peut-être plus dignement caractérisé par M. Gudin, qui l'a loué dans un seul vers.

Le seul roi dont le pauvre ait gardé la mémoire (5).

On doit encore remarquer, parmi les éloges du même auteur, ceux de Fénélon et de Racine : le premier respire une sensibilité douce ; le style est pour ainsi dire empreint des couleurs du sujet, et il semble qu'on lise Télémaque. Le second est un chef-d'œuvre, et les connaisseurs le regardent comme le meilleur ouvrage dé Laharpe.

En effet, jamais Racine n'a été apprécié avec plus de goût, jugé avec plus d'équité, analysé avec plus de profondeur.

« Aucun poëte, nous dit Laharpe, n'a connu » aussi bien que Racine la mollesse du style qui » dérobe au lecteur la fatigue du travail et les » ressorts de la composition ; nul n'a mieux en- » tendu la période poétique, la variété des cé- » sures, les ressources du rhytme et l'enchaîne- » ment des idées ; le tissu de sa diction est tel, » qu'on n'y peut rien déplacer, rien ajouter, rien » retrancher ; c'est un tout qui semble éternel : » rien ne serait si difficile que de refaire un vers » de Racine ». L'auteur était loin de prévoir alors qu'un poëte, ou du moins qu'un auteur de nos jours, trouverait facile de refaire, non-seulement les vers de Racine, mais une de ses tragédies toute entière, à la vérité sa meilleure..... Phèdre (6).

Ce fut à-peu-près à cette époque (en 1770), que Laharpe fit Mélanie (7). Cette pièce, que la nature du sujet devait exclure des théâtres de Paris, eut à la lecture le succès le plus brillant

elle fut traduite en italien, en anglais, et par-
tout son succès fut le même. On a répandu que
Laharpe avait désavoué cet ouvrage : je ne le
crois pas, il n'offre rien qu'on doive désavouer.
L'auteur rend par-tout hommage aux principes
éclairés d'une religion bienfaisante ; il ne blâme,
il ne combat que les abus du pouvoir ; et certes,
dans aucun pays, dans aucune religion, un père
qui sacrifie sa fille à son égoïsme ne peut être un
père excusable. Quoi qu'il en soit, la pièce eut
dans le temps un succès prodigieux. Les ennemis
de l'auteur (le vrai talent en a toujours) es-
sayèrent de le critiquer ; un d'eux entre autres
lui reprocha le personnage du curé comme une
innovation, et lui fit un crime de ce qui était un
mérite.

Trop au-dessus des attaques de l'envie pour
s'abaisser à y répondre, Laharpe poursuivait à
grands pas sa carrière poétique, lorsque M. de
Choiseuil, son protecteur, essaya de faire prendre
une direction nouvelle à son talent, en lui con-
fiant une place importante dans la diplomatie. Ce
fait, dont je suis certain, déplaira sans doute à
ceux qui avancent, comme principe général, que
l'esprit des lettres est incompatible avec l'esprit
des affaires. La nomination de plusieurs hommes
de lettres à des places importantes, prouve que
le Gouvernement n'adopte pas un pareil système ;

et dans le fait, on aurait peine à croire qu'il y eût un gouvernement assez mal conseillé pour réaliser des vues aussi étroites.

Un homme de lettres ne peut pas remplir une place dans l'État ! Et pourquoi donc alors le régent, qui connaissait assez bien les hommes, nomma-t-il Destouches ambassadeur à Londres ? Pourquoi ce poète célèbre se distingua-t-il, dans ce poste éminent, par la finesse de ses vues et la sagesse de ses négociations ? Pourquoi Prior, fameux poète anglais, prépara-t-il, par les combinaisons les plus heureuses, cette paix d'Utrecht si long-temps attendue ? Concluons, de tous ces exemples, que l'esprit des lettres n'est un obstacle en aucun genre, et que l'esprit en général, quand il est guidé par le bon sens, peut mener à tout. Les méchans princes sont les seuls qui n'aient pas protégé les lettres. Henri IV faisait de fort jolies chansons, et Néron des vers détestables.

Au reste, Laharpe ne profita pas des offres obligeantes de son protecteur ; il n'avait d'autre ambition que celle de la gloire, et ne voulait d'autre place que celle d'académicien : il se mit sur les rangs, et ne tarda pas à être nommé. Sa réception eut lieu le 20 juin 1776. Son discours, remarquable par la pureté du style, la simplicité de sa marche et l'élégance des idées, renferme

un éloge bien senti de Colardeau, son prédéces-
seur (8). Marmontel répondit au récipiendaire,
et son discours développait fort bien ses titres.

« Vous nous avez intéressés, monsieur, par
» le courage avec lequel nous vous avons vu
» lutter sans cesse contre le torrent de l'envie,
» et nous lui disions quelquefois : tu as beau
» vouloir le submerger, tu ne fais qu'exercer
» et accroître ses forces. *Merses profundo : pul-*
» *chrior evenit.*

» Dans les disputes littéraires où vous défendiez
» la cause commune du goût, nous vous avons
» souhaité quelquefois plus de modération, ja-
» mais plus de droiture ni de sincérité. L'étude
» des grands modèles, la connaissance appro-
» fondie de la saine littérature, vous donnaient de
» grands avantages : vous avez laissé la ressource
» des personnalités à ces ames basses et viles que
» l'envieuse malignité tient à ses gages ; et digne
» de sentir le prix des vrais talens, comme d'en
» partager la gloire, vous en avez été en même
» temps l'émule et le panégyriste. Voilà, mon-
» sieur, ce qui vous distingue et vous ennoblit
» à nos yeux ».

Jaloux de justifier de plus en plus des éloges
aussi flatteurs, Laharpe continua ses travaux, et
le fauteuil de l'académie ne l'endormit pas comme
il en avait endormi tant d'autres. Il fit paraître,

en 1779, les *Muses rivales*, faites à la gloire de Voltaire : cette petite pièce eut un très-grand succès ; et on se rappelle encore quel plaisir fit l'actrice chargée du rôle d'Érato : il est inutile de la nommer, il suffit de dire que le rôle de Thalie lui aurait encore mieux convenu, car ce nom se joint si bien au sien qu'il a l'air d'un nom de famille (9).

Laharpe fit paraître successivement Tangu et Félim, badinage charmant qui prouve que le talent de l'auteur savait se plier à tout ; l'Abrégé de l'Histoire générale des Voyages, qui ne peut passer que pour la compilation d'un homme de goût, mais qui a du moins l'avantage de servir la paresse, en épargnant des lectures ; et Philoctète, remarquable par la pureté du style, et par le mérite de transporter sur la scène française une tragédie grecque dans son austère simplicité.

C'est à-peu-près vers cette époque que des amis zélés et puissans des arts et des lettres créèrent cet établissement qui vous réunit aujourd'hui, Messieurs, cet établissement qui a pris depuis peu le nom d'*Athénée*, mais dont le premier nom fut *Lycée*, le seul peut-être qui ait résisté à tant d'orages, et qui n'ait pas été détruit par une révolution qui détruisait tout. Des professeurs habiles dans tous les genres furent choisis pour y faire des cours : pour la chimie, M. de Fourcroy ; pour l'histoire, M. de Marmontel, dont M. Garat était le suppléant ; pour la physique, MM. Monge et de Parcieux ; pour les mathématiques, M. de Condorcet, et Laharpe pour la littérature. On a discuté quelquefois l'inconvénient ou l'avantage de cet établissement : si l'utilité n'en était pas bien reconnue, il suffirait pour l'établir de rappeler à ceux qui m'écoutent que ce sont les cahiers de Laharpe qui, réunis en corps d'ouvrage, ont formé ce Cours de Littérature, monument immortel érigé à la fois pour nos aïeux, pour nous et pour la postérité. C'est là, sans contredit, au milieu de tous ses titres, le titre le plus brillant, le plus solide, le moins contesté. Quelle variété, quelle profusion de richesses ! Il nous fait sentir le mérite des anciens, et nous fournit à la fois des préceptes et des exemples de goût.

Je crois donner une preuve de mon respect pour le public et pour celui dont j'honore la mémoire, en m'arrêtant un moment sur cet intéressant ouvrage : l'épigraphe seule m'y autorise.

Indocti discant et ament meminisse periti.

Que les ignorans apprennent, et que les gens instruits jouissent de leurs souvenirs.

Les deux premiers volumes sont consacrés aux poètes grecs et latins ; Pindare, Anacréon et Horace sont déclarés les princes des poètes lyriques ; il

en cite quelques traductions : la plus jolie, qu'il
n'a pas citée, est de lui, et nous allons la rappor-
ter.

Si le ciel t'avoit punie
De l'oubli de tes sermens,
S'il te rendait moins jolie
Quand tu trompes tes amans,
Je croirais ton doux langage,
J'aimerais ton doux lien.
Hélas ! il te sied trop bien
D'être parjure et volage.
Viens-tu de trahir ta foi ?
Tu n'en es que plus piquante,
Plus belle et plus séduisante,
Les cœurs volent après toi ;
Par le mensonge embellie,
Ta bouche a plus de fraîcheur ;
Après une perfidie,
Tes yeux ont plus de douceur.
Si par l'ombre de ta mère,
Si par tous les dieux du ciel,
Tu jures d'être sincère,
Les dieux restent sans colère
A ce serment criminel ;
Vénus en rit la première ;
Et cet enfant si cruel,
Qui, sur la pierre sanglante,
Aiguise la flèche ardente
Que sur nous tu vas lancer,
Rit du mal qu'il te voit faire,
Et t'instruit encore à plaire

Pour te mieux récompenser.
Combien de vœux on t'adresse !
C'est pour toi que la jeunesse
Semble croître et se former.
Combien d'encens on t'apporte !
Combien d'amans à ta porte
Jurent de ne plus t'aimer !
Le vieillard qui t'envisage
Craint que son fils ne s'engage
En un piége si charmant ;
Et l'épouse la plus belle
Croit son époux infidèle
S'il te regarde un moment.

L'éloquence succède à la poésie ; c'est dire que Laharpe, après avoir donné quelques détails sur Quintilien, qu'il nous rappelle par son talent, consacre le troisième volume à Cicéron et à Démosthène. Leur parallèle est remarquable.

« Démosthène va toujours droit à l'ennemi » heurtant et frappant : Cicéron, au contraire, » fait un siége en forme, s'empare de toutes les » issues et se sert d'un discours comme d'une » armée, enveloppe ses ennemis de toutes parts, » jusqu'à ce qu'enfin il les écrase ». Voilà ce qu'on appelle tracer en peintre et juger en maître.

Des Grecs et des Romains, Laharpe passe aux poètes français : un des chapitres les plus remarquables est celui où il analyse les ouvrages de

Lafontaine ; il s'y arrête avec une complaisance qui trahit sa prédilection pour cet auteur : il faut l'entendre nous parler du bon homme.

« Dans tous les genres de poésie et d'éloquence,
» la supériorité, plus ou moins disputée, a par-
» tagé l'admiration. S'agit-il d'épopée, Homère,
» Virgile, le Tasse, se présentent à la pensée,
» et nul n'ayant réuni au même degré toutes les
» parties de l'art, chacun d'eux balance le mé-
» rite des autres, au moins sous plusieurs rap-
» ports ; il en est de même de la tragédie, de l'ode
» et de la satyre. Athènes, Rome, Paris, nous
» offrent des talens rivaux. Les anciens et les mo-
» dernes se disputent la palme de l'éloquence,
» et nous opposons aux Cicéron et aux Démos-
» thène nos Bossuet et nos Massillon. La comédie
» même, où Molière a une prééminence qui n'est
» pas contestée, permet encore que le nom de Ré-
» gnard soit entendu après le sien (10). Il n'existe
» qu'un genre de poésie dans lequel un seul
» homme a si particulièrement excellé, que ce
» genre lui est resté en propre, et ne rappelle
» plus d'autre nom que le sien, tant il a éclipsé
» tous les autres. Nommer la fable, c'est nommer
» Lafontaine : ce genre et l'auteur ne font plus
» qu'un. Ésope, Phèdre, Pilpay, Avienus, avaient
» fait des fables : il vient et les prend toutes, et
» ces fables ne sont plus celles d'Ésope, de Phè-

» dre, de Pilpay, d'Avienus ; ce sont les fables
» de Lafontaine ».

Laharpe ne dit qu'un mot de Vergier, et ne
fait que nommer Lamonnaie, du Cerceau, Saint-
Gilles, Perrault et Desmarets, trop médiocres
pour avoir un rang. Il parle ensuite de la poésie
pastorale : Racan, Segrais, madame Deshoulières
et Fontenelle, y figurent tour-à-tour, et il ter-
mine ce chapitre par un éloge de Chaulieu, et
par celui de la chanson, genre vraiment national,
et dont les français ont fait depuis plusieurs siècles
les échos du plaisir et de la gloire.

C'est ici que finit le sixième volume, et, ce
qu'on aura peine à comprendre, c'est que des
recherches aussi vastes, des travaux aussi éten-
dus, aient pu être terminés dans l'espace de trois
ans, depuis 1786 jusqu'en 1789. C'est également
ici que se terminera la première partie de son
éloge. Je vous l'ai montré jusqu'à présent, Messieurs, précoce dans ses talens, prosateur irré-
prochable, poète brillant, porté de triomphe en
triomphe, et comme accablé sous le poids des
couronnes ; arrachant, à la fleur de l'âge, la plus
flatteuse des récompenses littéraires, récompense
que beaucoup d'auteurs s'estiment heureux d'ob-
tenir à la fin de leur carrière ; enfin, je vous l'ai
montré jetant les bases d'un monument national
que nous pouvons opposer avec orgueil aux étran-

gers. Tels sont ses titrés ; titres sacrés , titres in-
contestables que la suite de cet éloge ne fera que
mieux assurer encore. Heureux si, se bornant aux
devoirs, aux plaisirs du véritable homme de lettres, dont il était si digne de porter le nom, il ne
se fût point mêlé des affaires publiques. Au milieu
dés dissentions civiles, le poète doit cacher sa vie :
s'il avait cette utile précaution, une fois du moins
il aurait un rapport avec le sage.

SECONDE PARTIE.

Les gouvernemens créés par les hommes sont faits à leur image ; comme eux on les voit naître, croître et se fortifier par l'habitude : parvenus à leur maturité, ils restent quelque temps dans un heureux et brillant équilibre sans rien perdre et sans rien gagner ; mais enfin la jeunesse disparaît, l'équilibre se rompt, chaque jour leur enlève un avantage, leur force s'épuise, ils décroissent, s'affaiblissent et meurent.

Telle a été, en abrégé, l'histoire du gouvernement monarchique. Les guerres malheureuses de 1711 avaient obscurci les dernières années du règne de Louis XIV, qui d'ailleurs avait brillé de tous les genres de gloire ; le régent ne fit qu'augmenter le mal, et le papier du célèbre Law jeta le plus grand désordre dans les finances. Les ministres de Louis XV, pour remédier au mal, eurent recours à des emprunts fréquens : c'était creuser l'abîme pour le combler. Cette ressource onéreuse ressemble au baume de ces charlatans qui paraît d'abord soulager le blessé, mais qui aggrandit la plaie au lieu de la fermer : celle de l'Etat devint bientôt incurable. Au désordre des finances se joignit cet esprit de vertige et d'indépendance qui depuis cinquante ans semble planer sur toute

l'Europe comme un génie malfaisant. Les nova-
teurs redoublèrent d'audace , et vers la fin du
règne de Louis xv , ils attaquèrent ouvertement
les grands principes religieux et politiques. En
France un ridicule est pire qu'un vice ; ils le
savaient : aussi c'était par des plaisanteries qu'ils
affaiblissaient le respect dû aux institutions les
plus sacrées. C'est au milieu de cette corruption
générale que Louis xvi arriva au trône, et on
peut dire qu'il était presque détrôné en y mon-
tant (1) : son caractère faible n'était pas fait pour
l'y affermir. La guerre d'Amérique acheva de
bouleverser les finances et d'épuiser les ressources
du royaume. En vain le roi voulut se prêter à
tout ce qui pouvait les ranimer , il n'était plus
temps ; il tint des lits de justice, assembla les no-
tables , et enfin convoqua les états-généraux : il
croyait sans doute que cette déférence loyale aux
intérêts de la France et aux besoins de l'État, serait
une mesure salutaire et décisive ; mais il se trom-
pait étrangement. Le peuple ressemble à ces enfans volontaires qui exigent toujours plus à mesure qu'on leur accorde davantage. Le roi propo-
sait une réforme, on voulait un bouleversement ;
et c'est ainsi que de faute en faute et de sacrifice en sacrifice , on vit arriver cette révolution
à jamais fameuse qui renversa toutes les institutions, déplaça tous les talens , confondit tous les

ordres, nivela toutes les classes, et offrit à l'œil des observateurs l'image de ces vases imprudemment agités dans lesquels la lie du vin passe du fond à la surface.

On promettait à la France des destinées brillantes, des réformes heureuses, des lois utiles; Laharpe se laissa séduire comme tant d'autres par cet espoir chimérique. Sans doute il était plus coupable qu'un autre; ses talens doublaient sa faute, et je ne prétends pas la déguiser. Laharpe aima la révolution, et il en vanta les principes; cela est vrai, et il faut en convenir, d'abord pour donner la preuve que les meilleurs esprits sont sujets à des erreurs funestes; il faut en convenir, parce que le souvenir de ses torts peut en épargner à d'autres; il faut en convenir enfin, parce qu'il en est convenu lui-même. « J'ai été trompé, » disait-il souvent, j'ai cru que la révolution ferait » le bonheur de la France; je voudrais pouvoir » effacer de mes larmes ces pages de mon his- » toire.... ».

Et c'est un homme qui tient un langage tout à-la-fois si modeste et si noble, un homme qui se condamne lui-même, un homme qui ouvre tous les replis de son cœur pour y faire pénétrer le repentir, un homme humilié de ses fautes et fier de son retour au bien, c'est cet homme que l'on ose encore accuser! Ah! si la plus terrible des vengeances, celle de l'opinion publique, a besoin de poursuivre de grands coupables et de retracer de grandes fautes, qu'elle s'adresse à ceux qui les nient, et non pas à ceux qui les avouent ; que la mémoire impitoyable parcoure toutes les classes de la société, et si par hasard elle y trouve quelques hommes qui jouissent en paix du fruit de leur infamie, et qui joignent au crime de leur conduite celui de leur prospérité, qu'elle s'explique, qu'elle parle, qu'ils tremblent ; qu'un souvenir vengeur remontant le fleuve impur de leur vie, joigne au récit de leurs faits connus celui de leurs turpitudes secrètes ; ils sont heureux, ils sont sans remords, on peut en les dévoilant forcer leur repentir et nous venger de leur bonheur. Mais revenir sur les torts d'un homme célèbre qui ne fit que des fautes et jamais de crimes, lui retracer des erreurs qu'il regrette, une conduite qu'il désavoue, des principes qu'il déplore, l'écraser quand il est à terre, le poignarder quand il s'immole, c'est la dernière ressource des lâches, c'est tuer un homme désarmé.

Au reste, si Laharpe adopta trop légèrement les principes de la révolution, du moins n'eût-il jamais à se reprocher d'avoir été un de ses agens. Il continua, au milieu de nos désordres politiques, à s'occuper de littérature ; c'est alors qu'il se chargea de la partie littéraire du Mercure, et qu'il fit

une foule d'articles aussi solides que piquans qui
ne sont point réunis dans ses ouvrages, et qui
suffiraient pour illustrer quelqu'un qui n'aurait
pas eu d'autres titres. Personne ne fut aussi re-
doutable que lui dans les discussions polémiques:
c'était l'Achille de la littérature. Toujours vif, serré,
pressant, il sait graduer ses moyens et motiver sa
critique : son seul défaut est d'être trop sévère;
mais ce défaut est tempéré par la justice, et s'il
lui arrive de trouver dans l'auteur qu'il censure
un morceau digne d'éloges, il le loue toujours
avec équité, souvent avec plaisir.

En cherchant la cause de son excessive ri-
gueur, on la trouve dans son caractère vigoureux
et indépendant, et dans son goût vraiment exquis. Un mauvais ouvrage, un mauvais vers le cho-
quaient comme un ton faux blesse une oreille dé-
licate, et il aurait critiqué alors sans ménagement
Voltaire lui-même : ni son âge ni son expérience
ne lui en imposaient ; et quand, par négligence ou
par précipitation, ce grand poète avait laissé quelques incorrections dans ses vers, Laharpe lui pro-
posait des changemens, et s'ils n'étaient pas adop-
tés, il prenait sur lui de les faire. M. Gaillard
rapporte qu'un jour, jouant à Ferney dans une
pièce de Voltaire, il fit en plein théâtre une de
ces corrections. On trembla pour le téméraire,
on craignit l'explosion d'un amour-propre délicat,

irascible, nourri de respects ; cette fois il fut indul-
gent, et on fut étonné d'entendre Voltaire s'é-
crier : « il a raison, il a raison, cela est beaucoup
» mieux ainsi : qu'on me corrige toujours de
» même ».

La rédaction du Mercure n'empêcha pas Laharpe
de continuer son Cours de Littérature. Le tome
septième commence par l'éloquence : Bossuet,
Fléchier, Massillon et Mascaron y sont dignement
appréciés. Il passe ensuite aux historiens et aux
mémoires, et rappelle ceux du cardinal de Retz,
de la Rochefoucault, de Bussy et de la Farre. Le
chapitre troisième est consacré à la métaphysique ;
Descartes, Pascal, Fénélon, Mallebranche, Bayle,
font les honneurs de cet article. Le quatrième
chapitre de littérature mêlée, comprend les romans et les contes qui rappellent mademoiselle
Scudéry, madame de Lafayette, Scarron, Ha-
milton et madame Daulnoy ; le style épistolaire
pour lequel Voiture nous offre des modèles de
ridicule, et madame de Sévigné des modèles de
grace ; les traductions qui ne sont pas bonnes, et
les critiques qui donnèrent naissance aux feuilles
appelées *journaux*. Denys Sallo commença, en
1665, celui des savans ; mais le premier journal
qui ait parlé de la littérature et des ouvrages
d'imagination, c'est le Mercure galant de Visé,
qui date de 1672 : pour donner une idée de

son goût , il suffit de dire que les ouvrages de Corneille et de Racine y étaient déchirés. Le ton de ce journal fut la cause de sa mort, et on ne le connaît plus aujourd'hui que par la pièce de Boursault qui porte ce titre.

Le tome huitième commence par une discussion sur les ouvrages de Voltaire. Laharpe les juge avec beaucoup d'impartialité, et défend la Henriade contre Labeaumelle et Fréron. L'imprimeur, pour faire vendre son livre, avait mis le portrait de Voltaire entre ces deux critiques, ce qui fit dire dans le temps :

> Entre Labaumelle et Fréron
> L'imprimeur a placé Voltaire ;
> Ce serait vraiment un calvaire
> S'il s'y trouvait un bon larron.

Il parle ensuite du poëme de Fontenoy, dont les beautés ne suffisent pas pour faire oublier les défauts, et de la Pucelle d'Orléans dont il prouve le danger, mais dont il reconnaît le mérite poétique, puisqu'il dit : « c'est un ouvrage saillant d'esprit, » de gaîté, d'impiété et de libertinage ».

Laharpe parle ensuite de Bernard, qui a fait un art de ce qui n'en est pas un, de Malfilâtre dont la mort a été aussi précoce que le talent, et de Gresset dont le nom suffit pour rappeler les titres.

Les trois volumes suivans sont consacrés à Voltaire et à Crébillon. Il donne la préémi-

nence au premier, et il faut convenir que ses ar-
gumens sont victorieux : on est seulement fâché
qu'il n'ait pas comparé ces deux grands tragiques,
comme il a comparé Corneille et Racine. Je vais
essayer de suppléer à son silence, et l'on ne verra
que trop bien que ce n'est pas lui qui parle.

Crébillon est plus sombre, Voltaire plus brillant. L'un entre dans le cœur de vive force, mais
n'y demeure qu'un moment ; l'autre s'y glisse et
y reste. L'un retrace de grands crimes, l'autre de
grandes passions. Crébillon sacrifie souvent l'har-
monie, et même la langue, à l'idée ; Voltaire, plus
pur et plus correct, joint la grace de l'expression
à l'éclat des pensées. Voltaire est beau comme un
ciel pur, Crébillon comme un orage terrible.
Enfin, l'un est le poète de Londres, l'autre celui
de Paris.

Me voici parvenu à l'époque la plus intéressante de la vie de Laharpe, celle où renonçant à
ce qu'il appela depuis ses erreurs, il se livra à
l'étude, à la pratique de la religion dans laquelle
il était né. Il suivait paisiblement le cours de ses
occupations littéraires, lorsque la tyrannie le fit
traîner en prison. On n'a pas oublié, quoiqu'aujourd'hui on oublie tout, ce qu'étaient ces ca-
chôts impurs ; on n'a pas oublié que des milliers
de victimes mouraient cent fois avant de périr,
qu'elles avaient leurs vertus pour écrou, leur

mérite pour acte d'accusation et l'arrêt de mort
pour jugement. Dans cette extrémité cruelle ,
qui appellera-t-il à son secours ? Des amis ! ils
étaient muets, quand ils n'étaient pas traîtres....
La probité ? c'était son crime. Ses talens ? on
les redoutait. La philosophie ? c'est en son nom
qu'on le chargeait de fers ; en un mot il n'a-
vait plus de ressources , plus d'espérance , plus
d'avenir. Il ressemblait alors au navigateur qui
confie sa destinée à l'élément perfide : quand
la mer est calme , le temps serein , le vent favo-
rable , il traverse les eaux sur la foi des zéphirs ;
il ne songe pas qu'un arbitre tout-puissant maître
des tempêtes , peut à son gré obscurcir ou épu-
rer l'horizon ; il jouit de l'effet sans remonter à la
cause. Tout-à-coup le ciel se couvre , l'éclair
brille, la foudre gronde, le vent devient contraire,
les mats sont rompus, les cordages brisés, les voiles
déchirées , les flancs entr'ouverts du vaisseau re-
çoivent les vagues furieuses ; la mort et l'effroi
pénètrent de toutes parts ; plus de pilote , plus
de gouvernail , plus d'espoir ; le passager craintif
tourne alors les yeux vers le ciel, et par un mouvement plus naturel que calculé , il l'implore
comme son refuge et comme son dernier asile.
Tel était Laharpe , lorsque, terrassé sous le poids
de l'infortune, et comme abandonné du monde
entier, il tourna ses regards vers le ciel , et in-

voqua les secours de la religion, la religion, cette chaîne bienfaisante de consolations et de devoirs, dont le premier anneau, placé dans les cieux, ramène sans cesse l'homme à son origine et à sa fin (2). Il savait que cette religion sainte avait soutenu dans ses malheurs un roi dont le seul crime est de n'avoir pas su punir, et une princesse auguste, madame Elisabeth, qui sembla rentrer dans sa patrie en quittant la terre, et qui nous offre à la fois le modèle de sa vie et l'exemple de sa mort.

Laharpe connaissait ce mot célèbre de Bacon : « Un peu de philosophie éloigne de la religion, » beaucoup de philosophie y ramène. » Et il y fut ramené par le sentiment du malheur et de la réflexion.

Des insensés ou des méchans, mais heureusement des méchans mal-adroits, ont prétendu que sa rétractation n'était qu'un jeu, qu'une hypocrisie : jamais on ne fit de reproche plus étrange ni plus absurde. L'hypocrisie suppose toujours un intérêt prochain ou éloigné : quel intérêt pouvait porter Laharpe à défendre une religion persécutée, tandis qu'en professant l'opinion contraire, il serait parvenu aux emplois et aux honneurs ? Laharpe hypocrite ! c'était bien mal le connaître ; la force de sa logique n'est jamais venue que de la force de sa conviction. Son caractère était d'une franchise qu'on lui a souvent reprochée et qui allait jusqu'à la roideur. Laharpe hypocrite ! mais l'hypocrisie finit toujours par se trahir ; ses efforts sont pénibles, son langage est affecté, son masque est froid, eh bien ! les ennemis même de Laharpe sont obligés de convenir que son talent n'avait jamais eu plus d'éclat et plus de feu que dans ses dernières années. Est-ce l'hypocrisie qui peut changer l'ordre de la nature, et qui semblait augmenter ses forces poétiques à l'âge où elles diminuent ? Cette idée est trop absurde pour s'y arrêter : pour y répondre citons cette ode sacrée que M. de Fontanes a imprimée dans le Mercure, et qu'il a comparée avec raison aux meilleures productions de Racine et de Rousseau. Ecoutez, Messieurs, et jugez si ces vers sont d'un poète hypocrite.

LE PSALMISTE CORIPHÉE,

Paraphrase du pseaume in exitu.

Lorsqu'enfin séparé de la race étrangère,
Jacob se dérobant aux tyrans de Memphis,
Rejeta loin de lui son joug héréditaire,
Et marcha vers les bords attendus par ses fils,
    Dieu, fidèle à ses oracles,
    Entoura de ses miracles
    Le peuple chéri du ciel ;
    Et de la nue enflammée,

Sa main guidant leur armée
Fut l'étendard d'Israël.
La mer le vit, la mer s'enfuit épouvantée ;
Le Jourdain vers sa source, à grand bruit agitée,
Vit rebrousser ses eaux ;
Et des monts de Cadès les cimes ébranlées
Tressaillirent soudain, comme dans les vallées
Bondissent les troupeaux.
Mer, d'où vient que tu fuis? Toi, Jourdain, dans ta course
D'où vient que, tout-à-coup remontant vers ta source,
Tu revois ton berceau?
Montagnes, quel pouvoir sut vous rendre mobiles,
Comme les faons agiles
Et le léger chevreau?
Les montagnes, la mer, les fleuves me répondent :
« Eh! n'avez-vous pas vu le Seigneur en courroux?
» N'a-t-il pas menacé? nous avons tremblé tous.
» Les élémens troublés devant lui se confondent.
» Nous l'avons vu : le roc à l'instant s'est ouvert,
» Et l'onde en jaillissant rafraîchit le désert ».
Non, ce n'est pas à nous ; non, ce n'est pas à l'homme,
Ce n'est qu'à vous, Seigneur, que la gloire appartient.
En vous est le salut, et l'humble foi l'obtient ;
La bonté le promit, la bonté le consomme.
Israël offre au Dieu qui s'est fait son vengeur,
L'hommage de la joie et les chants du bonheur.
Aveugles nations, ce Dieu n'est pas le vôtre.
Nations, que vos dieux sont différens du nôtre !
Ou taillés dans le marbre, ou fondus en airain,
Dieux faits par le ciseau, dieux nés de votre main.
Insensés! s'il se peut, animez vos idoles,
Leurs pieds sans mouvement, leurs bouches sans paroles,

Leurs bras qu'on arme en vain de tonnerres muets,
Et ces yeux où le jour ne pénétra jamais,
Cette oreille fermée à vos cris inutiles.
Vos dieux, sur leurs autels, images immobiles,
Ne respirent pas même, en leurs temples honteux,
La vapeur de l'encens que vous perdez pour eux.

Les ennemis de Laharpe ne pouvant le faire passer pour hypocrite, ont voulu le faire passer pour fou, et cette accusation était de la force de la première.

Etait-il fou, lorsque, traitant ici de grandes matières d'intérêt général, il remerciait le premier Consul d'avoir relevé les temples , et rétabli la morale publique ? Etait-il fou, lorsque vous l'avez entendu comme moi, pendant les deux dernières années de sa vie, compléter ici son Cours de Littérature par une discussion profonde et variée des ouvrages de Fontenelle , de Lamotte et de Colardeau ? Etait-il fou enfin, lorsqu'il a publié ces fragmens du poëme de la Religion , où il développe toutes les richesses de la langue embellie de toutes les images de la poésie ? Convenez-en, Messieurs, si les fous avaient autant de sagesse, de mesure et de raison, on ne conçoit pas ce que seraient les sages.

Le chagrin et la fatigue du travail avancèrent les jours de Laharpe , et il mourut le 11 février 1803, à soixante quatre ans , après une longue et pénible maladie.

Sous le rapport du caractère, il était à beaucoup d'égards aussi estimable que sous le rapport du talent; le seul défaut qu'on ait pu lui reprocher était une trop grande présomption, fondée sur le sentiment de ses propres forces, encore s'est-il corrigé de ce défaut vers la fin de sa vie. On blamait devant lui la véhémence avec laquelle il s'était élevé contre quelques philosophes de nos jours. « En parlant de
» moi dans mon ouvrage sur la philosophie mo-
» derne, je compte bien, dit-il, me traiter plus sé-
» vèrement encore que les autres ».

Ce n'est pas là de l'orgueil, mais c'est une preuve de plus de sa sincérité.

Du reste, bon ami, bon parent, il eut toutes les vertus sociales; son esprit seul était sévère, son cœur était sensible. Il critiqua beaucoup et peut-être trop les ouvrages de Dorat (3), et il lui rendit avec zèle un service très-important. Il travaillait à une traduction de la Jérusalem délivrée, et son projet était d'en employer le produit à secourir les personnes qui avaient le plus souffert de nos malheureux troubles, et cependant il était lui-même très-gêné; il a soutenu toute sa vie sa famille, et particulièrement sa nièce.

Désintéressé comme le véritable homme de lettres, il obligea souvent sans vouloir être connu, et il mettait dans tous ses procédés cette délicatesse qui est pour ainsi dire la grace de la probité.

Le rétablissement de l'Académie française adoucit beaucoup ses souffrances dans sa dernière maladie. M. Boulard (4), son ami, lui ayant dit que ses ennemis répandaient le bruit qu'il ne consentirait pas à reprendre sa place à l'Académie, il répondit : « On me connaît bien peu ; je me trouverai toujours honoré lorsqu'on me réunira à des auteurs estimables (5) ».

Sa conversation était animée, brillante et riche d'images ; on voyait tout ce qu'il disait. Il eut pour protecteurs l'Impératrice et le grand duc de Russie ; il eut pour amis Voltaire, l'abbé Delille, Gaillard, Marmontel et Saint-Lambert.

Tel a été, Messieurs, l'homme vraiment extraordinaire dont les lettres déplorent la perte. Je ne vous fais pas l'injure de le retracer à votre souvenir ; il vous est présent par ses ouvrages ; le mérite, le nombre et la variété de ses titres littéraires n'ont pas échappé à la finesse de votre goût. Vous l'avez vu cueillant des lauriers sur toutes les routes qui conduisent au Parnasse ; noble et fier dans Warwick et dans Philoctète, léger dans Tangu et Félim, piquant et malin dans l'Ombre de Duclos, comique et gai dans Molière à la nouvelle salle, intéressant et varié dans l'éloge de Racine, il a eu des succès dans tous les genres, même dans la chanson, et on dirait qu'il a fait *O ma tendre musette !* pour prouver que sa voix

savait se prêter à tous les tons, et que la gloire n'a-
vait rien à lui refuser.

Après avoir parcouru tous les titres de cet
homme célèbre, on en revient toujours à son
Cours de Littérature, comme à son plus beau droit
à l'immortalité. Il a su faire de ces quinze volumes
un livre classique, une chaîne immense qui embrasse et réunit tous les siècles par les liens du
goût, de l'esprit et des sciences. Cet ouvrage, qui
lui a mérité le nom de Quintilien français, doit
vivre autant que notre langue. Il a été fait pour
la gloire de la nation, et je ne crains pas de dire
qu'il méritait un prix national. Auprès d'une récompense si flatteuse et si juste, qu'est-ce, Messieurs, que ce faible éloge ? rien, je le sais, rien
pour celui qui est loué, beaucoup pour son panégyriste. Honorer le vrai talent, c'est prouver qu'on
veut en acquérir ; l'indulgence appréciera mes
intentions, et si la sévérité trouve que j'ai entre-
pris un sujet au-dessus de mes forces, et qu'il aurait fallu un grand talent pour célébrer un grand
littérateur, je lui répondrai avec Burrhus.

. . . . Moins instruit que fidèle,
Je ne suis qu'un soldat, et je n'ai que du zèle.

NOTES.

(1) A L'ÉPOQUE où cet ouvrage fut composé, M. de La Cretelle aîné n'avait point encore prononcé son éloge académique; au reste ce discours n'aurait rien changé à mes réflexions, car il renferme vraiment plus de critiques que de louanges, et on peut presque l'appeler un *éloge contre Laharpe.*

(2) Il est évident, pour tout homme de bonne foi, que l'accusation intentée contre Laharpe était une calomnie; elle ne lui en coûta pas moins la liberté : M. de Sartines, trompé (tout homme en place ne l'est que trop souvent), punit de la prison cette folie de jeunesse. Ce fait, très-peu connu, m'a été attesté par des contemporains dignes de foi; et si j'avais besoin d'une autre preuve de sa captivité, je la trouverais dans ces vers, qu'il publia à l'âge de dix-neuf ans, et qu'il adressait à une femme de ses amies.

> Dans un séjour où l'innocent
> Rougit à côté du coupable,
> Où mon cœur est inébranlable,
> Où je suis encor ton amant,
> C'est toi, Zélis, que je reclâme,
> Et je puis du moins t'adresser
> L'entretien secret de mon ame,
> Qu'il m'est défendu de tracer.
> Tu vois ma jeunesse incertaine
> Livrée aux plus affreux combats,
> Tu vois les piéges de la haine
> Se multiplier sous mes pas.
> Cependant je suis sans alarmes

Et de mes ennemis vainqueur,
A mes yeux je défends les larmes,
Et l'abattement à mon cœur.
Je sais, et la philosophie
M'apprit dès mes premiers travaux,
Que dans les rêves de la vie
Il n'est de réel que nos maux.
Je méprise mon existence,
Je la soumets à la puissance
De l'aveugle nécessité,
Et, par ce torrent emporté,
Je m'endors avec indolence
Sur les flots de l'adversité.

Ces vers nous prouvent deux choses, que Laharpe n'était pas coupable, et qu'il était poète.

(3) Il y a vingt exemples plus piquans les uns que les autres de l'ignorance d'un certain public. A la première représentation du *Cocu imaginaire*, qu'on a nommé *le Mari qui se croit trompé*, plusieurs voix demandèrent l'auteur, que malheureusement on ne pouvait pas faire paraître. Rien n'est plus commun que de donner aux Boulevards des pièces du Théâtre français en déguisant le nom : *l'Honnête Friponne* pour *le Dissipateur*, *le Souper de Paul* pour *le Festin de Pierre*, etc., etc., et le bon public croit voir des pièces nouvelles.

(4) On ne saurait trop appuyer sur cette vérité, elle est aussi utile que méconnue : louer le talent par-tout où il se trouve, et sans aucune considération étrangère, tel est le devoir du véritable homme de lettres, et tel devrait être son plus doux plaisir. Combien il est à regretter que ces principes soient presque toujours oubliés ou violés ! Les louanges et les critiques sont intéressées ; chaque coterie a

ses grands hommes ; mais le Parnasse en a bien peu. La satire est une offense, ou l'éloge est une idolâtrie ; point de mesure, point de justice, encore moins d'impartialité : il semble que la république des lettres ait hérité des haines, des dissensions de l'autre république. Les auteurs, qui devraient être des émules, ne sont pas même rivaux, ils sont ennemis, et on dirait qu'ils n'ont pas lu ces beaux vers de Boileau :

> Fuyez sur-tout, fuyez ces basses jalousies,
> Des vulgaires esprits malignes frénésies :
> Un sublime écrivain n'en peut être infecté ;
> C'est un vice qui suit la médiocrité.

(5) Ce vers est vraiment remarquable ; c'est un de ces vers trouvés qui ne coûtent aucun travail, et qui sortent tout faits de la tête de l'auteur, comme Minerve sortit toute armée du cerveau de Jupiter. Au reste on conçoit bien l'inspiration : le nom de Henri IV vaut un Apollon. Ce nom sacré sera toujours un éloge ; je ne sais pas même s'il n'a pas été respecté dans ces temps affreux où l'on n'a épargné ni son berceau, ni sa statue, ni son tombeau. Tous les écrivains qui prennent la plume pour retracer les bienfaits et les vertus du meilleur des rois, me paraissent mériter la reconnaissance publique ; et nous devons des remerciemens à l'aimable auteur du *Mérite des Femmes*, qui, rentrant dans la carrière du théâtre qu'il avait abandonnée trop long-temps, destine aux Français *la Mort de Henri IV*, dont les connaisseurs disent le plus grand bien. On doit aussi des éloges à M. Sewrin, jeune auteur plein de talent, qui vient de publier un ouvrage intitulé : *les Amis de Henri IV*. Dédaignant cette fois le mérite de l'invention, dont il a fait preuve dans *Brick-Bolding*, dans plusieurs

jolis romans et dans une foule de pièces très-agréables, l'auteur s'est contenté de raconter les plus beaux traits de la vie de Henri IV et de ses fidèles serviteurs : il nous a montré tour-à-tour et souvent même réunis, le citoyen le plus éclairé, le père le plus tendre, le monarque le plus affable, le guerrier le plus brave et le vainqueur le plus juste. En un mot, le livre de M. Sewrin peut être regardé comme la critique des courtisans et le manuel des gens de bien.

(6) On trouve la *Phèdre refaite* chez madame Masson, rue de l'Echelle, n°. 558 : elle porte le nom d'*Hyppolite*, et c'est la seule chose que C. Palmezeaux ait cru devoir conserver de Racine. Le nouvel auteur annonce à l'univers, dans une préface en forme de dialogue, que *des taches remarquables déparent le récit de Théramène*, et voici celui qu'il propose comme remplacement :

. . . .

. . . .

A son horrible aspect, les chevaux effrayés
S'élancent brusquement hors des chemins frayés,
Et n'obéissent plus à la main qui les guide :
Ils n'écoutent plus rien. Calme autant qu'intrépide ,
Le prince vainement cherche à les retenir ;
De son auguste voix perdant le souvenir,
En avant s'il les pousse, ils courent en arrière,
Et changent tour-à-tour de vœux et de carrière.

. . . .

Cette citation suffira pour prouver que C. Palmezeaux est original, et que sa manière ne ressemble nullement à celle de Racine. Sa pièce a été jouée au théâtre du Marais, et devait être jouée ensuite par les Comédiens Français, que l'auteur appelle les *grands-prêtres de l'art dramatique.*

(7) Voltaire écrivait à Laharpe : *l'Europe attend Mé-lanie*, et cet éloge n'était point ironique, comme ont semblé le croire quelques mauvais plaisans. Au reste, le mérite de l'ouvrage et le bruit qu'il fit, justifia bien le mot de Voltaire.

(8) On y remarque le passage suivant :

« Vos suffrages, Messieurs, venaient chercher sur le lit
» de douleur le chantre aimable d'Héloïse ; on vous porta
» sa lettre de remerciemens , et vous crûtes entendre le
» chant du cygne : son ame semblait se ranimer un moment
» pour la gloire et la reconnaissance ; mais ce dernier rayon
» allait bientôt s'éteindre dans la tombe, et son nom inscrit
» dans vos fastes était donc tout ce qui devait vous rester de
» lui. Il avait traduit quelques chants du Tasse. Y avait-il
» une fatalité attachée à ce nom ? et faut-il que, pour la
» seconde fois, le Tasse n'ait pas pu monter au Capitole » !

(9) Voici peut-être la plus inutile de toutes mes notes. Pourquoi nommer mademoiselle Contat, quand tout le monde l'a reconnue ? Quelle brillante carrière a parcourue cette actrice vraiment inconcevable ! Tous ses rôles sont des succès ; le *Tartuffe*, le *Mariage de Figaro*, le *Philosophe marié*, le *Vieux Célibataire*, les *Deux Pages*, la *Gageure*, le *Legs*, les *Femmes*, les *Fausses Confidences*, le *Mariage secret*, elle joue tout avec un art bien naturel. Sa figure semble avoir emprunté de son talent le secret d'être toujours nouvelle : aussi le public ne manque-t-il jamais l'application de ces deux vers :

> Du temps qui détruit tout les redoutables traces
> Ont à peine effleuré vos attraits et vos graces.

Ne dirait-on pas que Dorat a fait son portrait quand il a dit dans le *Poëme de la Déclamation :*

> Il me semble la voir, l'œil brillant de gaîté,
> Piquante sans apprêt et vive sans grimace,
> A chaque mouvement acquérir une grace,
> Sourire, s'exprimer, se taire avec esprit,
> Joindre le jeu muet à l'éclair du débit,
> Nuancer tous ses tons, varier sa figure,
> Cacher l'effort de l'art, et parer la nature.

(10) C'est ici le cas de répondre à l'accusation intentée hors de propos par M. de La Cretelle à Laharpe, de n'avoir pas assez loué Molière. Non, sans doute, il ne l'a pas assez loué, si le mérite d'un éloge est dans le volume du panégyrique ; mais il l'a dignement loué, si dès sa jeunesse il a su apprécier le mérite du plus grand poète comique français ; il l'a dignement loué en analysant, avec le tact le plus fin et le goût le plus exquis, la plupart de ses comédies, qu'il offre à la méditation des auteurs, dont Molière sera toujours le modèle et le désespoir.

NOTES DE LA SECONDE PARTIE.

(1) Tout le monde connaît cette fameuse chanson de M. le chevalier Delisle.

AIR : *La bonne aventure, etc.*

> Vivent tous nos beaux esprits
> Encyclopédistes, etc.

Ces couplets, quoique composés en 1776, étaient la prophétie exacte de la révolution de 1789.

> Du même pas marcheront
> Noblesse et roture, etc.
> Nous reverrons un oignon
> A Jésus damer le pion, etc.

Le dernier couplet sur-tout est remarquable.

> A qui devrons-nous le plus ?
> Au roi notre maître,
> Qui, se croyant un abus,
> Ne voudra plus l'être.
> Ah ! qu'il faut aimer le bien
> Pour de roi n'être plus rien !
> J'enverrais tout paître, au gué. (*Bis.*)

(2) Cette définition appartient à M. Ferrand, ancien conseiller au parlement de Paris, auteur de plusieurs ouvrages politiques remplis de chaleur et d'imagination.

(3) Je me rappelle que, parlant un jour à M. de Laharpe de Dorat, qu'on a trop loué de son temps et qu'on voudrait trop rabaisser aujourd'hui, je lui fis quelques observations sur la dureté de ses critiques ; il me répondit : « Quand je » suis entré dans le monde, on ne parlait que de Dorat ; il » a bien fallu le mettre à sa place : au reste j'ai dit qu'on » pourrait, en choisissant dans ses œuvres, faire deux vo-» lumes charmans. N'est-ce pas là un assez bel éloge » ?

(4) Cet homme estimable était tendrement attaché à M. de Laharpe, et je lui dois beaucoup de remerciemens pour tous les renseignemens qu'il a bien voulu me donner.

(5) Est-il croyable que Laharpe ait jamais pu témoigner de la répugnance pour se trouver réuni à ses anciens confrères, MM. Delille, Morellet, Boufflers, etc., et à des écrivains comme MM. Collin-d'Harleville, Legouvé, Bernardin de Saint-Pierre, etc. ?

FIN.

OUVRAGES NOUVEAUX

Qui viennent de paraître chez Léopold COLLIN,
Libraire, à Paris, rue Gît-le-Cœur, n°. 18.

ŒUVRES COMPLÈTES DE SÉNECÉ, précédées d'une Notice
historique et littéraire sur la vie et les ouvrages de Sénecé,
par M. Auger. 1 vol. *in-12*. *Prix :* 2 fr. 50 c.

ŒUVRES COMPLÈTES DE MALFILATRE, précédées d'une No-
tice historique et littéraire sur la vie et les ouvrages de
Malfilâtre, par M. Auger. 1 vol. *in-12*, pap. fin. 2 fr. 50 c.
Et papier vélin. 5 fr.

LE CHANSONNIER DU VAUDEVILLE, 1re année, pour faire
suite aux *Dîners du Vaudeville,* par MM. Piis, Barré,
Radet, Desfontaines, Ségur, Armand-Gouffé, Laujon,
Ph. La Madelaine, Dupaty, Bourguignon, etc. 1 vol. *in-18*.
 1 fr. 80 c.
Et papier vélin satiné, et cartonné à la Bradel, 4 fr.

L'ELÈVE D'ÉPICURE, ou *Choix des Chansons* de Ph. La
Madelaine, précédé d'une Notice sur le Caveau, et suivi
de plusieurs Contes en vers. 1 vol. *in-12*. 1 fr. 80 c.

LE LIVRE DES SINGULARITÉS, ou *les Momens bien em-
ployés,* avec cette épigraphe : *Le plaisir qui change et
varie adore la diversité.* Bernis. 1 vol. *in-12*. 1 fr. 50 c.

LES JEUX DE L'ENFANCE, poëme, par M. Raboteau, Membre
de la Société Philotechnique. 2e édition, revue et consi-
dérablement augmentée. *in-8°*. 1 fr.

ANALYSE FONDAMENTALE DE LA PUISSANCE DE L'ANGLETERRE,
considérée dans son commerce, et ses ressources contre
la France ; par le Traducteur de l'*Histoire britannique*
de Plowden. 1 vol. *in-8°*. 5 fr.

LETTRES de Madame de Villars, Ambassadrice en Espagne,
de la Comtesse de Lafayette, de Tencin et Aïssé, précédées de Notices sur ces femmes célèbres, par M. Auger.
1 vol. *in-12* 3 fr.

DIRECTIONS POUR LA CONSCIENCE D'UN ROI, composées pour
l'éducation du Duc de Bourgogne, par Fénélon, avec
une Notice sur Fénélon et son ouvrage, par M. Auger.
1 vol. *in-18*, papier superfin. 1 fr. 50 c.
Et avec le portrait de Fénélon, gravé par St. Aubin, 2 fr. 50 c.

TABLEAUX COMPARATIFS DE L'HISTOIRE ANCIENNE, Ouvrage adopté pour les Lycées et les Ecoles secondaires; par Le-Prevost-d'Iray, Censeur des études au Lycée impérial. 1 vol. *in-fol.* 3 fr.

TABLEAUX COMPARATIFS DE L'HISTOIRE MODERNE, Ouvrage adopté pour les Lycées et les Ecoles secondaires; par le même auteur, et du même format. 4 fr.

MÉMOIRE qui a remporté le prix en l'an 10, sur cette question proposée par l'Institut national : *Quels sont les moyens de perfectionner, en France, l'institution du Jury?* par M. Bourguignon, Juge en la cour de justice criminelle du département de la Seine, Substitut du Procureur impérial près la haute-cour impériale, etc. 1 vol. *in-8°*. 1 fr. 80 c.

Second MÉMOIRE sur l'Institution du Jury, faisant suite au précédent, par le même auteur. 1 fr. 50 c.

PETERS, ou le *petit Chévrier*, par Lombard (de Langres), avec cette épigraphe :

> Sur leur république champêtre
> Régnait l'ordre, image des cieux.
> L'homme était ce qu'il devait être;
> On pensait moins, on vivait mieux.
>   GRESSET.

Un vol. *in*-12. 2 fr.

LES QUATRE AGES DE LA FEMME, poëme en quatre chants; par A. F. R. Teulières. 1 vol. *in*-18, fig. de Moreau jeune.
  2 fr. 50 c.

Un semblable sujet, encore neuf pour notre littérature, se recommande par lui-même. Il n'en est pas de plus digne d'exercer la lyre des poètes, et sur-tout des poètes français; il offre des couleurs aussi riches que gracieuses. Enfin, pour réussir, l'auteur n'a besoin que d'égaler son sujet.

Célébrer les vertus d'un sexe qu'on calomnie trop souvent, peindre son amabilité, ses talens, son esprit et ses graces, tel est le but de l'auteur du poëme. Nous n'en donnerons point ici l'analyse, son titre seul indique assez quelle doit être la marche qu'on a suivie dans cet ouvrage.

MES QUATRE AGES, poëme en quatre chants, par J. M. Saint-Cyr Poncet-Delpech le fils, avec cette épigraphe :

> Chaque âge a ses plaisirs, son esprit et ses mœurs.
>   BOILEAU, *Art poét.*

1 vol. *in*-18, fig. de Moreau jeune. 2 fr. 50 c.

L'auteur de ce poëme a voulu, sous ce titre, chanter les *quatre Ages de l'Homme*. Il a pensé que, pour animer un sujet didactique, il pouvait y introduire un personnage; mais comme il n'a point parcouru lui-même tous le cercle de la vie, qu'il n'est encore qu'à son printemps, ses *hauts faits* n'ont pu le conduire qu'à la moitié de son ouvrage. Il a donc peint dans les deux premiers chants ce qu'il a été dans l'*enfance* et dans la *jeunesse*; et dans les deux derniers ce qu'il voudrait être dans l'*âge viril* et dans la *vieillesse*.

ÉLOGE DE LAHARPE, Membre de toutes les Académies de l'Europe, prononcé à l'Athénée de Paris, par Chazet. *in-8°*. 1 fr. 50 c.

COMÉDIES.

FOLIE ET RAISON, Comédie en un acte et en vers, mêlée de vaudevilles, par MM. Chazet et Sewrin. 1 f. 20 c.

LE JOUR DE L'AN, ou *la Réunion de Famille*, Comédie en un acte et en prose, mêlée de vaudevilles, par M. Radet. 1 fr. 20 c.

THÉOPHILE, ou *les deux Poëtes*, Comédie en un acte et en prose, mêlé de vaudevilles, par MM. Pain et D...... 1 fr. 20 c.

BERTRAND DUGUESCLIN ET SA SOEUR, Comédie en deux actes et en prose, mêlée de vaudevilles, par MM. Barré, Radet et Desfontaines. 1 fr. 20 c.

LE JALOUX MALADE, Comédie en un acte et en prose, mêlée de vaudevilles, par M. Emmanuel Dupaty. 1 fr. 20 c.

SOPHIE ARNOULD, Comédie en trois actes et en prose, mêlée de vaudevilles, par MM. Barré, Radet et Desfontaines. 1 fr. 50 c.

LA PARISIENNE A MADRID, Comédie en un acte et en prose, mêlée de vaudevilles, par M. Maurice S.... 1 fr. 20 c.

LA MÉTEMPSYCOSE, Comédie en un acte et en prose, mêlée de vaudevilles, par M. Frédéric Bourguignon. 1 fr. 20 c.

Sous presse.

POÉSIES de M. Séguier, Membre de l'Académie française. 1 vol. *in-12*.

LES BERGERIES FRANÇAISES, 1 vol. *in-12*.